essentials

essentials liefern aktuelles Wissen in konzentrierter Form. Die Essenz dessen, worauf es als „State-of-the-Art" in der gegenwärtigen Fachdiskussion oder in der Praxis ankommt. *essentials* informieren schnell, unkompliziert und verständlich

- als Einführung in ein aktuelles Thema aus Ihrem Fachgebiet
- als Einstieg in ein für Sie noch unbekanntes Themenfeld
- als Einblick, um zum Thema mitreden zu können

Die Bücher in elektronischer und gedruckter Form bringen das Expertenwissen von Springer-Fachautoren kompakt zur Darstellung. Sie sind besonders für die Nutzung als eBook auf Tablet-PCs, eBook-Readern und Smartphones geeignet. *essentials:* Wissensbausteine aus den Wirtschafts, Sozial- und Geisteswissenschaften, aus Technik und Naturwissenschaften sowie aus Medizin, Psychologie und Gesundheitsberufen. Von renommierten Autoren aller Springer-Verlagsmarken.

Weitere Bände in der Reihe http://www.springer.com/series/13088

Jörg B. Kühnapfel

Nutzwertanalysen in Marketing und Vertrieb

2. Auflage

Jörg B. Kühnapfel
Ludwigshafen am Rhein, Deutschland

ISSN 2197-6708 ISSN 2197-6716 (electronic)
essentials
ISBN 978-3-658-25163-5 ISBN 978-3-658-25164-2 (eBook)
https://doi.org/10.1007/978-3-658-25164-2

Die Deutsche Nationalbibliothek verzeichnet diese Publikation in der Deutschen Nationalbibliografie; detaillierte bibliografische Daten sind im Internet über http://dnb.d-nb.de abrufbar.

Springer Gabler

Springer Gabler ist ein Imprint der eingetragenen Gesellschaft Springer Fachmedien Wiesbaden GmbH und ist ein Teil von Springer Nature
Die Anschrift der Gesellschaft ist: Abraham-Lincoln-Str. 46, 65189 Wiesbaden, Germany

Was Sie in diesem *essential* finden können

- Nutzen von Scoringmodellen/Nutzwertanalysen
- Anleitung, um Nutzwertanalysen selbst durchführen zu können
- Hinweise auf Fallstricke und Fehler, die zu vermeiden sind
- Varianten und Verfeinerungen für besondere Problemstellungen
- Zwei Anwendungsbeispiele als Mustervorlagen für eigene Nutzwertanalysen

Vorwort

Dieses *essential* basiert auf dem Buch „Vertriebscontrolling" von Jörg B. Kühnapfel (Springer Gabler, 2. Auflage 2017), in dem die Nutzwertanalyse als Methode im Rahmen des Vertriebs erläutert wird. Für die Veröffentlichung in der Reihe *essentials* wurde der Text aktualisiert, überarbeitet, auf den Themenbereich Marketing und um Anwendungsbeispiele erweitert.

Ludwigshafen am Rhein
Deutschland

Prof. Dr. Jörg B. Kühnapfel

Inhaltsverzeichnis

Wozu dient eine Nutzwertanalyse? 1

Dieses „Springer *essential*" macht Sie mit der Nutzwertanalyse vertraut. Dabei handelt es sich um ein Instrument zur Entscheidungsfindung in komplexen Situationen: Immer dann, wenn vielfältige Aspekte zu berücksichtigen bzw. mehrere Personen am Entscheidungsprozess beteiligt sind, hilft sie durch eine strukturierte Methodik, die bestmögliche Lösung zu finden.

Zunächst wird in diesem *essential* das korrekte Vorgehen Schritt für Schritt erläutert. Schließlich werden die Fallstricke aufgezeigt und schlussendlich anhand von zwei typischen Entscheidungsproblemen aus den Aufgabenbereichen Marketing und Vertrieb das jeweilige Vorgehen in sehr unterschiedlichen Fällen beschrieben. Anwendungsbeispiel eins wendet die elementaren Schritte der Nutzwertanalyse an, Anwendungsbeispiel zwei geht ins Detail und zeigt Varianten und Verfeinerungen auf.

Auf welchen Prinzipien basiert die Nutzwertanalyse?
Nutzwertanalysen dienen dazu, komplexe Entscheidungen zu treffen. Das Prinzip, das dafür genutzt wird, ist die **„Fragmentierung":** Das Gesamtproblem, das es zu entscheiden gilt, wird in Teilprobleme zerlegt und diese, wenn erforderlich, wiederum in Teilprobleme. Wozu? Wenn wir mit einem komplexen, vielschichtigen Problem konfrontiert werden, neigen wir dazu, es zu vereinfachen. Wir blenden Details aus, verdichten, fokussieren und pauschalisieren. Dieser kognitive Prozess läuft unbewusst ab, ja, er gehört sogar zur genetischen Disposition des Menschseins dazu: Es ist sinnvoll, komplexe Themen zu vereinfachen; andernfalls würden wir zu lange brauchen, um Entscheidungen zu treffen. Aber diese Fähigkeit ist nicht kostenlos zu haben. Der Preis, den wir hierfür bezahlen, ist zum einen die Fehlerquote bei unseren Entscheidungen, zum anderen haben wir

J. B. Kühnapfel, *Nutzwertanalysen in Marketing und Vertrieb,* essentials,
https://doi.org/10.1007/978-3-658-25164-2_1

eine Affinität zum Bewahren, denn wir entscheiden uns, wenn es schwierig wird, tendenziell für die Konstanz und gegen eine Veränderung.

Dieses Muster ist im wirtschaftlichen Umfeld nicht zweckdienlich. Hier müssen wir auch bei komplexen Problemstellungen ergebnisoffen bleiben, denn oftmals ist es gerade das Überwinden tradierter Handlungsweisen, das uns neue Möglichkeiten eröffnet. Ferner werden im betrieblichen Alltag Problemstellungen oft nicht alleine, sondern in Teams bearbeitet oder von mehreren Personen gemeinsam entschieden, vor allem die wichtigen. Wie aber soll eine für das Unternehmen optimale Lösung gefunden werden, bei der das Know-how aller einfließt und nicht jener „Recht" bekommt, der durch sein Auftreten oder seine hierarchische Stellung die meiste Aufmerksamkeit ergattert?

Hier wirkt die Fragmentierung **entemotionalisiert!** Durch das Zerlegen in Teilprobleme wird die emotionale Bindung an oder eine spontane Präferenz für eine gewünschte Lösung aufgelöst. Die jeweiligen Teillösungen können viel leichter rational diskutiert werden, vor allem dann, wenn ihr Anteil an der „gewünschten" Gesamtlösung unklar ist.

Wann ist die Nutzwertanalyse sinnvoll?

Soll bei dem gut laufenden Produkt, der „Cash Cow" des Unternehmens, ein wichtiges Feature verändert werden? Eine solche Frage ist schwerer zu beantworten, als es zunächst scheint. Es sind viele Aspekte zu berücksichtigen, z. B. die Chancen und Risiken einer Variation, aber auch jene, auf eine Variation zu verzichten, die Kosten der Umstellung der Produktion, die Fragen der Preisfindung, der Werbung, der Reklamationen, die Frage, was mit den Altproduktbeständen geschehen soll und so fort. Auf einige Aspekte lassen sich die Antworten leicht finden, weil sie berechenbar sind, aber auf andere nicht: Wie reagieren die Kunden? Wie reagiert der Wettbewerb? Führt die Produktvariation in die richtige Richtung?

In diese Entscheidung fließen offensichtlich sehr viele und zudem sehr unterschiedliche **„Aspekte"** mit ein. Sie werden von Repräsentanten der unterschiedlichsten Organisationseinheiten vertreten. Diese wiederum verfügen über unterschiedliche Vorerfahrungen und vor allem verfolgen sie unterschiedliche Ziele. Es ist klar, dass solche Entscheidungen nicht „frei Schnauze" getroffen werden können, weil die Gemengelage zu kompliziert ist und die Folgen einer Fehlentscheidung zu weitreichend sind. Also wird das Gesamtproblem in Teile fragmentiert, die sinnvoll betrachtet werden können.

Hier hilft die Nutzwertanalyse. Sie ist immer dann sinnvoll ist, wenn mindestens einer der folgenden Umstände gegeben ist:

- Die Anzahl der zu berücksichtigenden Aspekte (=Einflussfaktoren, Determinanten) ist hoch.
- Die Aspekte sind unterschiedlicher Natur (quantitativ, qualitativ, Vermutungen usw.).
- Es ist nicht möglich, eine eindeutige Rangfolge der Aspekte festzulegen. Sie erscheinen unterschiedlich wichtig, zuweilen sogar nicht-transitiv. Außerdem wird jeder Beteiligte die von ihm vertretenen Aspekte als die wichtigsten ansehen.
- Es sind mehrere Personen mit ihren jeweiligen Meinungen und Vorerfahrungen am Entscheidungsprozess beteiligt.
- Eine Entscheidung auf Basis von Erfahrungen (Routineentscheidungen) oder unternehmerischen Instinkten ist nicht möglich bzw. nicht sinnvoll.
- Die Entscheidungsfindung soll von Aufsichtsgremien, Gesellschaftern oder Vorgesetzten nachvollzogen werden können.

Welche Grundregeln leiten sich daraus ab?
Um die bestmögliche Entscheidung vor dem Hintergrund solcherlei Umstände treffen zu können, bedarf es einiger grundsätzlicher formaler Vorschriften. Diese bilden zugleich den Handlungsrahmen für jeden, der eine Nutzwertanalyse moderiert:

- **Klarheit der Moderation:** Der Moderator hat dafür zu sorgen, dass durch das Einhalten der Schritte Meinungsführerschaft oder „Lufthoheit am Besprechungstisch" einer Führungskraft oder eines (vermeintlichen) Experten ausgeschlossen werden.
- **Strukturierung:** Eine Nutzwertanalyse ist so durchzuführen, dass jeder einzelne Schritt für sich nachvollzogen werden kann. Auslassen, Vermengen oder Verändern der Schritte ist nicht erlaubt.
- **Selektion zu berücksichtigender Aspekte:** Es werden nur solche Bewertungskriterien (Aspekte) für die Entscheidungsfindung zugelassen, die sich methodisch nutzen lassen. Damit scheiden politisch motivierte oder manipulative Argumentationsketten aus. Die Nutzwertanalyse ist nicht das Schlachtfeld, auf dem unterschwellige Feindseligkeiten in Organisationen zutage treten sollten.
- **Dokumentation:** Jeder einzelne Schritt auf dem Weg zur Entscheidungsfindung wird dokumentiert. Dieser Aufwand nutzt zweifach:
  - Der Entscheidungsprozess kann mit anderen Teilnehmern, an anderen Standorten oder zu einem späteren Zeitpunkt wiederholt werden. Eventuelle Unterschiede im Ergebnis können hinsichtlich ihres Zustandekommens analysiert werden.
  - Die Dokumentation entemotionalisiert und entlarvt persönliche Ressentiments oder Zielsetzungen, die nichts mit dem Problem an sich zu tun haben.

Diese Regeln erinnern an die eines Gerichtsverfahrens. Und das ist gewollt: Je nach Tragweite der Entscheidung kann es gewünscht sein, den Entscheidungsprozess bzw. seine Ernsthaftigkeit auch Nichtbeteiligten nachweisen zu können.

Eine Gefahr scheint in Anbetracht der Regeln zu sein, dass die Entemotionalisierung dazu führt, dass rationale Denker im Vorteil, emotionale hingegen im Nachteil seien. Aber wir werden sehen, dass die Methodik im Gegenteil dazu führt, allen beteiligten Interessengruppen gleichermaßen Raum für Input zu geben.

2 Das Vorgehen bei der Nutzwertanalyse

Das übliche Vorgehen bei einer Nutzwertanalyse läuft in den in Tab. 2.1 dargestellten und anschließend erläuterten Schritten ab. Es empfiehlt sich dringend, die Reihenfolge einzuhalten und ihr stringent zu folgen.

Schritt 1: Organisation des Arbeitsumfelds

Es ist müßig darauf hinzuweisen, dass ein konstruktives Arbeitsumfeld zu schaffen ist, bevor eine Nutzwertanalyse als Entscheidungsverfahren durchgeführt wird. Insbesondere, wenn eine weittragende, wichtige oder gar irreversible Lösung gefunden werden soll, ist dieser formale Aufwand gerechtfertigt.

Was konkret ist zu organisieren?

- **Moderator:** Er führt, muss die Methodik und ihre Varianten kennen und das Auftreten haben, um sich über hierarchische Grenzen hinwegzusetzen.
- **Teilnehmerkreis:** Am Prozess nehmen all jene teil, die entweder für ihren jeweiligen Bereich entscheidungsbefugt sind oder die eine spezifische Expertise einbringen können. Es werden möglichst keine Vertreter geschickt. Verfügungsmacht bzw. Expertise sind die Eintrittskarten. Auch soll der Personenkreis stabil bleiben. Unterschiede in der Hierarchie wirken sich erfahrungsgemäß nicht nachteilig aus, sofern sanktionsfrei argumentiert werden darf. Die Anzahl der involvierten Personen sollte erfahrungsgemäß mindestens drei, höchstens jedoch 20 Personen umfassen. Ideal ist eine Gruppengröße von fünf bis zehn Personen. Der Teilnehmerkreis muss keinerlei Kenntnisse über die Funktionsweise der Nutzwertanalyse besitzen, aber dem Moderator folgen. Am Rande: Denkbar ist auch, eine Nutzwertanalyse alleine durchzuführen. Sie dient dann als mentales Struktur- und Vorgehensmodell, um ein Entscheidungsproblem in allen Facetten zu betrachten. Methodik ersetzt dann Grübeln.

J. B. Kühnapfel, *Nutzwertanalysen in Marketing und Vertrieb*, essentials,
https://doi.org/10.1007/978-3-658-25164-2_2

Tab. 2.1 Vorgehen bei der Nutzwertanalyse

#	Arbeitsschritt
1	Organisation des Arbeitsumfelds
2	Benennung des Entscheidungsproblems
3	Auswahl der Entscheidungsalternativen
4	Sammlung von Entscheidungskriterien
5	Gewichtung der Entscheidungskriterien
5a	Gewichtung mithilfe von Kriteriengruppen
5b	Gewichtung mithilfe der Paarvergleichsmethode
6	Bewertung der Entscheidungskriterien
7	Nutzwertberechnung
8	Sensibilitätsanalyse
9	Dokumentation des Ergebnisses

- **Zeitbudget:** Da der Prozess mindestens zwei, meist jedoch mehrere Stunden dauert, ist ausreichend Zeit zu reservieren.
- **Kontinuität der Arbeit:** Es ist nicht erforderlich, sich wie das Kardinalskollegium bei der Papstwahl einzuschließen und erst dann wieder ans Licht der Öffentlichkeit zu treten, wenn weißer Rauch aufsteigt. Im Gegenteil: Oft werden während des Prozesses weitere Informationen benötigt, sodass der ständige Kontakt zu Fachexperten erforderlich sein kann. Aber es ist selbstverständlich von Vorteil, wenn ein konzentriertes Arbeiten möglich ist.

Schritt 2: Benennung des Entscheidungsproblems
Die Nutzwertanalyse wird für zwei Arten von Entscheidungsproblemen eingesetzt:

- Erstens dient sie dazu, ein **Auswahlproblem** zu entscheiden. Entweder … oder. Die Anzahl von Alternativen, die zur Disposition gestellt werden, ist mindestens zwei und höchstens eine Menge, bei der eine sinnvolle Unterscheidung zwischen den Alternativen noch möglich ist. Typisch ist eine Menge von ca. drei bis fünf Alternativen, darüber hinaus wird die Fähigkeit von Teilnehmern immer geringer, konzentriert die Individualitäten der Alternativen zu berücksichtigen. Sie „verschwimmen". Natürlich ist auch möglich, sich gegenseitig ausschließende Handlungsalternativen zu vergleichen, etwa dann, wenn eine Produkteinführung ansteht. Die Auswahl besteht dann zwischen den Alternativen „machen" und „nicht machen".

- Zweitens dient die Nutzwertanalyse dazu, eine vorgegebene Menge von Alternativen zu sortieren und sie somit zu **priorisieren.** Jede einzelne Alternative erhält durch das Verfahren einen Nutzwert (=Score). Es entsteht eine Intervallskala, auf der die Rangfolge und durch die Höhe der Scores auch die Abstände zwischen Alternativen erkennbar werden.

Tab. 2.2 zeigt typische Fragestellungen aus Marketing und Vertrieb. Sie verdeutlicht zudem, dass jedem Entscheidungsproblem eine Zielformulierung zugrunde liegen muss. Ob beispielsweise zunächst der Markteinstieg in Frankreich oder England – als durch die Nutzwertanalyse zu bewertende Handlungsalternativen – angegangen wird, ist nicht sinnvoll zu entscheiden, wenn nicht gleichzeitig

Tab. 2.2 Exemplarische Fragestellungen der Nutzwertanalyse

Entscheidungsproblem: Auswahl	Ziel
Konzentration auf Zielgruppe A oder Zielgruppe B	Deckungsbeitragsmaximierung bei begrenzten Vertriebsressourcen
Durchführung des Markttests in der Filiale Marburg, Ulm oder Wetzlar	Repräsentativität des Ergebnisses für Deutschland
Verkauf durch Vertriebsbeauftragte, Verkaufsteams oder Handelsvertreter	Maximierung von Umsatz und Gewinn/ Marktabdeckung/Schnelligkeit usw
Eliminierung eines Produktes aus dem Sortiment mit dem nächsten Katalog.	Optimierung des Sortimentsdeckungsbeitrags bei Beibehaltung des Umsatzes unter Berücksichtigung von Koppelkaufeffekten.
Skimming- oder Penetration-Strategie bei der Preisgestaltung zur Produkteinführung	Produktdeckungsbeitrag 4 kumuliert ab Markteinführung nach spätestens 24 Monaten positiv unter Berücksichtigung degressiver Produktionskosten.
Auswahl einer Werbeagentur	Wahl der Agentur mit dem besten angebotenen Preis-/Leistungsverhältnis.
Entscheidungsproblem: Rangfolge/Priorisierung	**Ziel**
Priorisierung des Markteinstiegs in EU-Ländern durch Ermittlung einer Nutzwerte-Rangordnung.	Profitabilität der zu gründenden Auslandsgesellschaft ab dem vierten Geschäftsjahr.
Reihenfolge der Integration der Produkte eines zugekauften Unternehmens in das eigene Portfolio	Maximierung der Synergieeffekte durch Cross-Selling bei bestehenden Kunden.

bekannt ist, welches Ziel mit dieser Expansion ins Ausland erreicht werden soll. Je nachdem, ob Umsatz, Gewinn, Produktionsmengenausweitung, Bekanntheitsgrad oder andere Ziele im Vordergrund stehen, kann das weitere Verfahren (konkret: die Kriteriensammlung in Schritt 4) gänzlich andere Inhalte haben.

Schritt 3: Auswahl der Entscheidungsalternativen
Die Nutzwertanalyse vergleicht entweder eine bekannte geringe Anzahl von Alternativen miteinander oder hilft, eine Rangordnung zu finden. Wünschenswert ist, vorab festzustellen, ob die zur Auswahl stehenden Entscheidungsalternativen tatsächlich alle relevanten sind; oder gibt es noch weitere Alternativen, die lediglich durch eine oberflächliche Vorauswahl „vergessen" wurden?

Schritt 4: Sammlung von Entscheidungskriterien
Alle Aspekte eines Entscheidungsproblems sollten berücksichtigt werden. Diese Aspekte finden in „Kriterien" ihren Ausdruck. Somit sind jene Kriterien zu finden, die für die Entscheidung des Problems relevant sind. Die Kriteriensuche ist sowohl ein analytischer als auch ein kreativer Prozess und im Ergebnis sollte ein Katalog von Kriterien gefunden worden sein, der bestmöglich das Entscheidungsproblem vor dem Hintergrund der Zielsetzung und des Handlungsrahmens beschreibt.

Relevant ist die Frage, wie viele Kriterien sinnvoll sind. Erfahrungsgemäß ist ein Set von 10–20 umfangreich genug, um das Problem ausreichend zu fragmentieren und in allen seinen Facetten zu beleuchten, aber nicht zu groß, um das Verfahren zu überfordern. Eine solche Überforderung zeigt sich darin, dass mit zunehmender Anzahl von Kriterien die Verfahrensteilnehmer immer oberflächlicher über die später folgende Bewertung der Kriterien (Schritt 6) nachdenken.

An die Kriterien sollten einige generelle Anforderungen gestellt werden:

- **Vollständigkeit:** In Summe müssen die Kriterien ein Problem vollständig umfassen. Kein für die Zielsetzung relevanter Aspekt darf ausgelassen werden. Für das Beispiel der Frage, ob der Markteinstieg zuerst in Frankreich oder in England in Angriff genommen werden solle, wären das z. B. Kriterien wie die folgenden:
  - rechtliche Einstiegshürden
  - Wettbewerbsintensität
  - Verfügbarkeit von Vertriebskanälen
  - Preisniveau
  - Wechselwilligkeit der Kunden
  - Sprachkenntnisse im eigenen Unternehmen

- Positive Erfahrungen anderer Unternehmen, die in dem betreffenden Land investiert haben („Vorbilder“)
- Subjektive Motivation der eigenen Mitarbeiter
- Produktanpassungsaufwand
- Notwendigkeit eigenständiger Werbung

Aus dieser unvollständigen Aufzählung ist bereits zu erkennen, dass sich Kriterien zu Kategorien zusammenfassen lassen, hier z. B. die Kategorien „Regulierung“, „Marketing-Mix“, „Markt & Wettbewerb“ und „Eigene Fähigkeiten“. Diese Kategorisierung wird im Schritt 5a erläutert.

- **Bewertbarkeit:** Jedes Kriterium muss für die Verfahrensteilnehmer bewertbar sein. Das ist es regelmäßig nicht, wenn z. B. der sachliche oder fachliche Hintergrund unbekannt ist. Im obigen Beispiel muss also bekannt sein, welche Gesetze, Verordnungen und Auflagen in den jeweiligen Ländern existieren. Unter Umständen kann dieser Mangel an Wissen dadurch behoben werden, dass jeweils nur die fachkundigen Verfahrensteilnehmer eine Bewertung der Kriterien vornehmen und sich die unkundigen enthalten.
- **Relevanz:** Das Kriterium muss für die Bewertung der Handlungsoptionen bedeutsam sein. Dies ist freilich nicht objektiv eindeutig bestimmbar, denn es ließe sich für die meisten Problemstellungen keine Messlatte finden, anhand derer die Relevanz festgelegt werden könnte. Im obigen Beispiel wäre das Kriterium „Qualität der Landesküche“ vielleicht für die Mitarbeiter wichtig, weil sie in der Mittagspause gut essen wollen, aber sicherlich nicht für das in Schritt eins beschriebene Zielsystem. Das Kriterium „Arbeitsbedingungen“, zu denen bei großzügiger Auslegung das Essen gehören mag, kann hingegen bedeutsam sein, z. B. dann, wenn diese so schlecht sind, dass Mitarbeiter sich weigern, im Zielland zu arbeiten.
- **Reproduzierbarkeit:** Die letzte Anforderung an das Kriterium ist die Reproduzierbarkeit seiner Bewertung. Ist diese z. B. dadurch nicht gegeben, weil bekannt ist, dass die Bewertung zu anderer Zeit signifikant anders ausfallen würde und hat der Grund für diese Instabilität nichts mit dem Zielsystem zu tun, so ist das Kriterium nicht brauchbar. Wenn, um das Beispiel weiter zu strapazieren, als Handlungsoption für einen Markteinstieg im Ausland neben Frankreich und England auch Ägypten zur Auswahl stünde, wäre das Kriterium „Arbeitsbedingungen“ vom Zeitpunkt der Bewertung abhängig. Erfolgte diese z. B., während die Nachrichten voller Berichte über Aufstände und gewaltsame Demonstrationen sind, würde dies das Ergebnis verfälschen, denn das Zielsystem (Profitabilität ab dem vierten Geschäftsjahr) impliziert einen Prognosezeitraum, der (hoffentlich) weit über die meinungsbildenden Geschehnisse hinaus reicht.

In bestimmten Situationen kann es sinnvoll sein, den Katalog an Kriterien auszudehnen. So wurden bereits Nutzwertanalysen mit einem Set von weit über 100 Kriterien erfolgreich durchgeführt. Typisch ist dies beispielsweise bei Standortentscheidungen. Um methodische und durch Wahrnehmungsverzerrungen induzierte Fehler zu vermeiden, sind diese Kriterien zu kategorisieren (Schritt 5a).

Schritt 5: Gewichtung der Entscheidungskriterien
Sind für die Bewertung der Alternativen alle als relevant erscheinenden Kriterien gefunden, muss festgelegt werden, welche Bedeutung jedes einzelne Kriterium für die Entscheidung bzw. Rangfolgenbildung hat. Die Bedeutung wird mittels einer Verhältniszahl ausgedrückt, dem „Gewicht", das die relative Bedeutung jedes einzelnen Kriteriums für die Problemstellung bemisst. Die Summe aller Gewichte der Kriterien beträgt 100 %. Allerdings ist es bei einer Anzahl von zehn oder mehr Kriterien nicht mehr möglich, Prozentzahlen auf die Kriterien zu „verteilen". Es ist schlichtweg zu unübersichtlich und auch bei Einsatz einer Tabellenkalkulation wäre die Folge, dass, um in der Summe auf 100 % zu kommen, ständig die Gewichte der einzelnen Kriterien verändert und angepasst werden würden. Ein weiterer Nachteil ist, dass in der Arbeitsgruppe an dieser Stelle vermutlich die erste hitzige Diskussion darüber losgeht, welches Kriterium welche Bedeutung hat.

Somit ist ein Verfahren vorzuziehen, dass eine objektivere Gewichtung ermöglicht. Und auch hier ist die Handlungsmaxime die Fragmentierung des Problems mit dem Ziel, durch den gedanklichen Fokus auf Details objektiver zu bewerten. Das Verfahren sieht ein Vorgehen in zwei Schritten vor. Idee ist, dass die Teilnehmer der Nutzwertanalyse nicht mehr alle Kriterien gleichzeitig betrachten und versuchen, diese miteinander in Beziehung zu setzen, sondern nacheinander Kriterium für Kriterium diskutieren. Natürlich wird es nicht möglich sein, die Bewertung von Kriterium A zu vergessen, wenn Kriterium B diskutiert wird, und es ist auch akzeptabel, wenn auf jeweils andere Bewertungen referenziert wird, sei es in der Diskussion oder nur unbewusst. So sind Argumente wie „Wenn Kriterium C eine 3 bekommt, muss Kriterium E aber mindestens eine 2 erhalten" typisch und durchaus nützlich, schärfen sie doch die Sicht auf die Problemstellung.

Im ersten Schritt werden nun den Kriterien einfach zu erfassende Wertnoten zugeteilt, etwa Schulnoten von 1 („sehr wichtig") bis 6 („unwichtig"). Auch eine Skala von 1 bis 10 oder 1 bis 100 wäre denkbar. Aber Achtung: Die Skala hat einen signifikanten Einfluss auf das Ergebnis! Wenn die Kriterien ähnlich wichtig sind, kann eine geringere Skalenspreizung (z. B. Schulnoten) akzeptiert werden. Es kann dann keine herausragend wichtigen Kriterien geben, wie das Beispiel

Tab. 2.3 Gewichtung von Kriterien mit Schulnoten

Kriterium	Note	Punktwert	Gewicht (%)
Rechtliches	2	5	12
Wettbewerb	1	6	15
Vertriebskanäle	3	4	10
Preisniveau	4	3	7
Wechselwilligkeit	2	5	12
Sprachkenntnisse	5	2	5
Vorbilder	6	1	2
Motivation	2	5	12
Produktanpassung	1	6	15
Werbung	3	4	10
Summe		**41**	**100**

in Tab. 2.3 verdeutlicht. Breit gespreizte Skalen (z. B. 1 bis 100) führen erfahrungsgemäß zu Willkür im Detail. Die Unterscheidung zwischen der Bewertung mit „76" oder mit „82" ist kaum möglich. Dennoch ist eine solche Spreizung empfehlenswert, wenn die Kriterien einen sehr unterschiedlichen Einfluss auf die Entscheidung haben. Für die Teilnehmer an dem Verfahren ist es dann hilfreich, die Skala grob zu segmentieren.

Werden – wie hier gezeigt – die jedermann bekannten Schulnoten verwendet, ist für die Auswertung ein kleiner Zwischenschritt nötig: Da eine niedrige Note mathematisch auch einer niedrigen Punktzahl entspricht, aber eine hohe Bedeutung des bewerteten Kriteriums wiedergibt, werden die Noten zunächst in Punktwerte gewandelt. Der Schulnote 1 entspricht dann der Punktwert 6, der Note 2 der Punktwert 5 usw. Abschließend werden auf Basis der vergebenen Noten respektive der zugehörigen Punktwerte die relativen Bedeutungsanteile mit einfachem Dreisatz errechnet.

Der Bedeutungsunterschied zwischen dem wichtigsten und dem unwichtigsten Kriterium beträgt 13 %-Punkte. Wären es aber statt der hier dargestellten 10 Kriterien derer 20, so würde sich bei diesem Vorgehen der maximale Unterschied halbieren. Je mehr Kriterien in die Untersuchung einbezogen werden, desto mehr zeigt sich in der Praxis eine **Nivellierung ihrer relativen Bedeutung.**

Soll dieser Effekt vermieden werden und ein größerer Bedeutungsunterschied ermöglicht werden, so ist eine Skala zu wählen, die dies erlaubt. Tab. 2.4 zeigt dies für das gleiche Beispiel mit einer Punkteskala von 1 bis 100. Allerdings wurde die Bewertung der Kriterien verändert. Eine Werteumkehr muss hier nicht

Tab. 2.4 Gewichtung der Kriterien aus Tab. 2.3 mit einer Skala von 1 bis 100

Kriterium	Punkte	Gewicht (%)
Rechtliches	75	14
Wettbewerb	90	16
Vertriebskanäle	60	11
Preisniveau	20	4
Wechselwilligkeit	90	16
Sprachkenntnisse	20	4
Vorbilder	10	2
Motivation	50	9
Produktanpassung	100	18
Werbung	40	7
Summe	**555**	**100**

mehr erfolgen, weil eine hohe Punktzahl auch eine hohe Bedeutung wiedergibt. Statt der obigen 13 %-Punkte ist nun eine maximale Spreizung der Kriteriengewichte von immerhin 16 %-Punkten festzustellen.

Soll, aus welchem Grund auch immer, ein Kriterium eine Gewichtung erfahren, die sich mit dem hier vorgestellten Verfahren nicht darstellen lässt, so kann diesem zu Beginn ein Gewicht zugewiesen werden (z. B. 40 %). Auf die übrigen Kriterien werden dann nur noch die restlichen Prozentpunkte (hier: 60) verteilt.

In seltenen Fällen kann es vorkommen, dass selbst nach längerer Diskussion kein Konsens bezüglich der Bewertung der Kriterien zustande kommt. Hier kann der Moderator zwei Hilfsverfahren anwenden: Erstens kann er jeden Teilnehmer bitten, auf einem Blatt Papier seine ganz persönliche Bewertung vorzunehmen. Der Moderator sammelt die Blätter ein und errechnet je Kriterium einen Durchschnittswert, aus dem sich per Dreisatz das durchschnittliche Bedeutungsgewicht des Kriteriums für das Entscheidungsproblem errechnet. Zweitens kann der Moderator das Paarvergleichsverfahren anwenden lassen, dass in Schritt 5b erläutert ist.

Schritt 5a: Gewichtung mit Hilfe von Kriterienkategorien

Die Kategorisierung von Kriterien verfolgt das Ziel, eine möglichst zieladäquate, also „gerechte" Gewichtung der Kriterien vorzunehmen. Sinnvoll ist dies immer dann, wenn die Anzahl von Kriterien groß ist, z. B. über 20.

Warum ist dieser Schritt erforderlich? Durch eine hohe Anzahl von Kriterien gelingt eine subjektive Gewichtung immer schlechter. Eine Summe von 100 Prozentpunkten auf fünf Kriterien zu verteilen, mag noch funktionieren, aber wenn es sich um vielleicht 50 Kriterien handelt, ist die Gefahr groß, tendenziell jedem Kriterium ein dem statistischen Mittel angenähertes Gewicht zuzugestehen, hier also 2 %.

Ferner ist in der Praxis zu beobachten, dass den Teilnehmern zu unterschiedlichen Aspekten eines Entscheidungsproblems jeweils unterschiedlich viele Kriterien einfallen, je nachdem, ob sie sich gut auskennen oder nicht: Zu einem Aspekt A werden z. B. 10 Kriterien aufgelistet, zu Aspekt B aber nur 3. Und jetzt wird das Problem deutlich: Selbst dann, wenn die Aspekte A und B gleich wichtig sind, ist es sehr wahrscheinlich, dass die Summe der Gewichte der 10 A-Kriterien größer ist als die Summe der Gewichte der 3 B-Kriterien. Werden einem Aspekt viele Kriterien zugeordnet, führt dies zu einer Überbewertung.

Um dies zu vermeiden, werden die Kriterien kategorisiert und dann – wie in Schritt fünf beschrieben – zunächst diese Kategorien gewichtet. Erst danach werden die Kriterien, die nun den Kategorien zugeteilt sind, gewichtet. Durch die Multiplikation von Kategorie- und Einzelgewicht ergibt sich dann das jeweilige Kriteriumsgewicht und nun ist es egal, wie viele Kriterien für einen Aspekt (=Kategorie) gefunden werden. Tab. 2.5 verdeutlicht das Verfahren.

Kommt nun ein weiteres Kriterium in der Kategorie A hinzu, so verteilen sich die Kriteriengewichte innerhalb dieser Kategorie, aber das Gesamtgewicht der Kategorie A bleibt bei 40 %. Nun ist der Kreativität der Teilnehmer keine Grenze gesetzt und die Granularisierung von Aspekten kann so lange fortgesetzt werden, bis die Ideen ausgehen.

Schritt 5b: Gewichtung mithilfe der Paarvergleichsmethode

Die Kategorisierung von Kriterien ist ein probates Mittel, um einer Ergebnisverzerrung bei einer großen Anzahl von Kriterien vorzubeugen. Allerdings beseitigt sie einen anderen Schwachpunkt der Nutzwertanalyse nicht: Die subjektive bzw. bewusst oder unbewusst interessengeleitete Gewichtung von Kriterien bzw. Kriterienkategorien. Aber auch hierfür gibt es ein Gegenmittel: Die Paarvergleichsmethode. Die Idee ist, wie bei der Nutzwertanalyse insgesamt, die Fragmentierung der Gesamtaufgabe in Einzelentscheidungen.

Zu Beginn werden alle zu gewichtenden Kriterien in einer Kreuztabelle aufgelistet (Tab. 2.6).

Anschließend werden alle Verfahrensteilnehmer aufgefordert, nacheinander und jeweils für sich zu entscheiden, ob im direkten Vergleich Kriterium A wichtiger sei als Kriterium B, Kriterium A wichtiger als Kriterium C, Kriterium A wichtiger als Kriterium D und so fort, bis zur letzten Entscheidung, ob Kriterium F wichtiger sei als Kriterium G. Die Gegenfrage ist nicht erforderlich: Wenn bewertet wurde, dass A wichtiger als B ist, muss B unwichtiger als A sein. Ein

Tab. 2.5 Berechnung der Kriteriengewichte mit Hilfe von Kriterienkategorien

Kriterien-kategorie	Kategorie-gewicht (%)	Kriterium	Kriteriumsgewicht innerhalb der Kategorie (%)	Gesamtgewicht des Kriteriums (%)
Gruppe A	40	Kriterium A1	40	16,00
		Kriterium A2	10	4,00
		Kriterium A3	25	10,00
		Kriterium A4	25	10,00
Gruppe B	20	Kriterium B1	30	6,00
		Kriterium B2	35	7,00
		Kriterium B3	35	7,00
Gruppe C	15	Kriterium C1	15	2,25
		Kriterium C2	15	2,25
		Kriterium C3	30	4,50
		Kriterium C4	20	3,00
		Kriterium C5	20	3,00
Gruppe D	25	Kriterium D1	25	6,25
		Kriterium D2	35	8,75
		Kriterium D3	18	4,50
		Kriterium D4	22	5,50
Summe	**100**			**100,00**

Tab. 2.6 Kreuztabelle zur Gewichtung von Kriterien

Kriterium	A	B	C	D	E	F	G
A							
B							
C							
D							
E							
F							
G							

Tab. 2.7 Kreuztabelle zur Gewichtung von Kriterien mit „Ist-wichtiger-als"-Stimmen

Kriterium	A	B	C	D	E	F	G	Σ
A		7	4	2	5	9	4	**31**
B	3		3	7	10	6	5	**34**
C	6	7		8	8	9	6	**44**
D	8	3	2		7	5	3	**28**
E	5	0	2	3		3	4	**17**
F	1	4	1	5	7		8	**26**
G	6	5	4	7	6	2		**30**

Unentschieden – Kriterium A und F sind gleich wichtig – darf es nicht geben. Also braucht nur die „obere rechte" Hälfte der Tabelle ausgefüllt zu werden. Auch ist der Vergleich eines Kriteriums mit sich selbst sinnlos und darum werden diese Felder – hier dunkel hinterlegt – nicht ausgefüllt.

Bei mehreren Teilnehmern hat es sich als mühsam herausgestellt, die Gegenüberstellung jeweils zweier Kriterien auszudiskutieren. Auch wird dies bei den ersten Paarvergleichen noch gerne gemacht, später werden die Teilnehmer müde und gehen lässlicher damit um. Besser ist, jeden Teilnehmer den Paarvergleich für sich machen und die Ergebnisse vom Moderator zusammenfassen zu lassen. Dieser trägt nun in die Kreuztabelle ein, von wie vielen Teilnehmern das zuerst genannte Kriterium als wichtiger als das als zweites genannte Kriterium eingeschätzt wurde. Jeder Teilnehmer muss sich entscheiden.

Tab. 2.7 gibt ein exemplarisches Ergebnis wieder, wobei hier 10 Teilnehmer an der Nutzwertanalyse teilnahmen. Lesehilfe: Sieben Verfahrensteilnehmern schätzten das Kriterium A wichtiger als Kriterium B ein, acht das Kriterium F wichtiger als Kriterium G und so fort. Entsprechend haben 3 Teilnehmer B wichtiger als A eingestuft, und so füllt sich auch die „linke untere" Hälfte der Tabelle.

Die letzte Spalte addiert, wie oft ein Kriterium als jeweils wichtiger eingeschätzt wurde.

Den letzten Schritt der Paarvergleichsmethode zeigt Tab. 2.8. Proportional zur Summe aus „Ist-wichtiger-als"-Stimmen werden mittels Dreisatzes die Gewichte verteilt.

In der betrieblichen Praxis angewendet, ist nun die Versuchung groß, eine Korrektur der Werte, oder vornehmer ausgedrückt: eine „Justierung", vorzunehmen. Es könnte sich sogar die Mehrheit der Teilnehmer darüber einig sein kann, dass beispielsweise Kriterium E mit einem Bedeutungsgewicht von gerade einmal 8,1 % unterrepräsentiert sei. Jedoch ist dringend davon abzuraten, eine Anpassung „aus dem Gefühl heraus" vorzunehmen.

Tab. 2.8 Ergebnis der Kriteriengewichtung auf Basis der Kreuztabelle

	Stimmen	Gewicht (%)
Kriterium A	31	14,7
Kriterium B	34	16,2
Kriterium C	44	21,0
Kriterium D	28	13,3
Kriterium E	17	8,1
Kriterium F	26	12,4
Kriterium G	30	14,3
Summe	**210**	**100**

Nun kann es passieren, dass ein Kriterium nie wichtiger ist als eines der anderen Kriterien. Es erhält dann das relative Gewicht 0 und scheidet aus dem weiteren Verfahren aus, obwohl es möglicherweise trotzdem eine absolute Bedeutung hat. Fehlt der Mut, so kann es im Sinne einer „Erinnerungsposition" mit einem marginalen Gewicht von vielleicht 0,01 % weitergeführt werden.

Schritt 6: Bewertung der Entscheidungskriterien

Bevor die Kriterien bewertet werden können, ist vom Moderator eine Skala festzulegen. Auch diese ist für die Qualität des Gesamtergebnisses bedeutsam. Deswegen lohnt es sich darzustellen, welche Anforderungen eine Skala erfüllen muss.

Eine sinnvolle Skala für die Bewertung der Kriterien muss **eindeutig** und **praktikabel** sein. Einfach bedeutet, dass es keinen Interpretationsspielraum hinsichtlich der Bedeutung der Bewertungsrichtung und Bewertungsstufen gibt, praktikabel, dass jedem Verfahrensteilnehmer die Anwendung der Skala geläufig sein muss. Ohne auf die jeweiligen Vor- und Nachteile der einzelnen Optionen einzugehen, seien hier drei bewährte Skalen vorgeschlagen.

Abzuraten ist von einer weit spreizenden Skala, etwa einer von 0 bis 1000. Der Nachteil ist, dass Teilnehmer, die zu starker Polarisierung neigen, das Endergebnis mehr beeinflussen als jene, die ein tendenziell ausgleichendes Gemüt haben und sich bei der Bewertung an der „goldenen Mitte" orientieren. Zu heilen wäre dies bedingt, wie bereits oben beschrieben, durch die Vorgabe von Orientierungskorridoren, aber da weit spreizende Skalen keinen Vorteil bringen, ist grundsätzlich von ihnen abzuraten.

Aber auch das andere Extrem, z. B. eine 3-Punkte-Skala (erfüllt – neutral – nicht erfüllt), ist untauglich, denn es erlaubt kaum Differenzierungen.

Hier nun also die Skalen, die sich als nützlich und sinnvoll bewährt haben:

- **10er-Skala:** Es dürfte kein Problem für den Teilnehmerkreis sein, diese Skala zu verstehen. Hilfreich ist dennoch, Korridore vorzugeben, wie es Abb. 2.1 zeigt. Andere Varianten von Korridoren zeigt Tab. 2.9:
- **Schulnotenskala:** Die Schulnotenskala (1–6) ist eindeutig und praktikabel. Bei der Gewichtung von Kriterien in Tab. 2.3 kam sie bereits zum Einsatz. Wie auch schon dort gezeigt muss der Schulnote jedoch ein „umgekehrter" Wert zugewiesen werden (dies entspricht dem Schweizer Schulnotensystem). Somit wäre die Skala:
  - Note 1: Kriterium ist sehr gut erfüllt/außerordentlich nützlich
    6 Multiplikationspunkte
  - Note 2: Kriterium ist gut erfüllt/sehr nützlich
    5 Multiplikationspunkte
  - Note 3: Kriterium ist in befriedigendem Maße erfüllt/nützlich
    4 Multiplikationspunkte
  - Note 4: Kriterium ist ausreichend erfüllt/bedingt nützlich
    3 Multiplikationspunkte

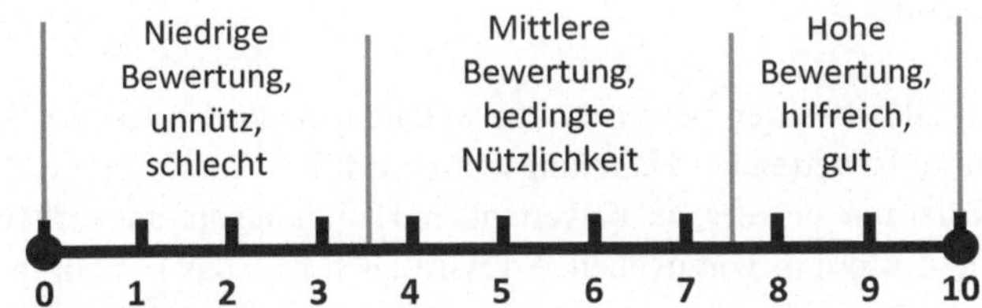

Abb. 2.1 10er-Bewertungsskala

Tab. 2.9 Punktwertekorridore auf einer 10er-Skala

Punkte	Bedeutung
0	Kriterium ist nicht erfüllt/nicht nützlich
1–3	Kriterium ist unzureichend und nur mit erheblichen Mängeln erfüllt/nur bedingt nützlich
4–6	Kriterium ist hinreichend, aber mit Mängeln erfüllt/nützlich
7–9	Kriterium ist in gutem Umfang erfüllt/sehr nützlich
10	Kriterium ist in sehr gutem Umfang erfüllt/außerordentlich nützlich

- Note 5: Kriterium ist nur unter Inkaufnahme wesentlicher Mängel erfüllt/nur in engen Grenzen und unter Inkaufnahme von Nachteilen nützlich
  2 Multiplikationspunkte
- Note 6: Kriterium ist nicht bzw. ungenügend erfüllt/nicht nützlich
  1 Multiplikationspunkt

- **Oberstufen-Punktwertskala:** Die in den deutschen Oberstufen übliche Notenskala von 0 bis 15 Punkten kann direkt angewendet werden. Eine Umrechnung der Werte ist nicht erforderlich. Zudem existieren bereits Bewertungskorridore als Orientierungshilfe, nämlich jene, die auch an Schulen gelten: Hier entsprechen 13 bis 15 Punkte der Schulnote 1, 10 bis 12 Punkte der Schulnote 2, 7 bis 9 Punkte der Note 3 usw.

Der Zwischenstand des Verfahrens ist nun, dass

1. die miteinander zu vergleichenden Handlungsoptionen und
2. die Kriterien, die zur Bewertung des Nutzens jeder einzelnen Option für die Unternehmensziele festgelegt sind. Ferner wurden
3. die Gewichte festgestellt, die jedes einzelne Kriterium für die Entscheidung hat und
4. eine Skala verabredet, mit der nun – ungeachtet der Gewichte – jedes Kriterium bewertet wird.

Jetzt werden alle Kriterien bewertet: „In welchem Maße ist das jeweilige Kriterium bei der zu bewertenden Handlungsoption erfüllt?" bzw. „In welchem Maße trifft das Kriterium bei der zu bewertenden Handlungsoption zu?" Üblich ist, Kriterium für Kriterium vorzugehen. So wird auch hier das Grundprinzip dieser Methode eingehalten, das Gesamtproblem zu fragmentieren. Es ist nicht praktikabel, die Kriterien entsprechend ihrer Gewichte zu behandeln, also z. B. die wichtigsten zuerst und erst später die unwichtigen. Vielmehr sollten die Kriterien nach fachlichen Gesichtspunkten sortiert werden. Einige Kriterienwerte werden durch mathematische Korrelationen berechnet werden können, bei anderen wird eine Diskussion der Teilnehmer stattfinden. Eine Bewertungsskala von 0 bis 10 exemplarisch unterstellt, könnte das Ergebnis dieses Schritts jenes aus Tab. 2.10 sein.

Mit diesem Schritt sind die Gruppenarbeit bzw. die Mitarbeit der Teilnehmer beendet. Was folgt, sind Berechnungen und Variationen des vorhandenen Ergebnisses, die vom Moderator durchgeführt werden.

Tab. 2.10 Bewertung der Alternativen anhand der Kriterien

	Alternative X	Alternative Y	Alternative Z
Kriterium A	3	1	7
Kriterium B	4	7	5
Kriterium C	2	4	3
Kriterium D	7	9	6
Kriterium E	9	10	7
Kriterium F	5	4	5
Kriterium G	10	2	8

Schritt 7: Nutzwertberechnung
Die in Schritt 6 ermittelten Kriterienwerte werden mit den in Schritt 5 (bzw. 5a/5b) ermittelten Kriteriengewichten multipliziert. Das Ergebnis sind die Kriterienpunktwerte. Was noch bleibt, ist, die Summe aller Kriterienpunktwerte je Alternative zu bilden. Tab. 2.11 zeigt dies am Bespiel der Daten aus Tab. 2.10 (Wert) und Tab. 2.8 (Gewicht). Diese Summe wird als „Nutzwert" oder „Score" bezeichnet.

Das Ergebnis des Verfahrens ist, dass die Alternative Z der Alternative X und diese wiederum der Alternative Y vorzuziehen ist.

Wenn das Verfahren bis zu diesem Schritt in der Form durchgeführt wurde, dass mehrere Teilnehmer unabhängig voneinander ihre Bewertung durchführten, gilt es nun, die Ergebnisse aller Verfahrensteilnehmer zu addieren. Tab. 2.12 zeigt ein mögliches Ergebnis. Alternativ kann selbstverständlich auch der Durchschnitt

Tab. 2.11 Ergebnis der Nutzwertanalyse

Kriterium	Gew. (%)	Alternative X		Alternative Y		Alternative Z	
		Bewertung	Punktwert	Bewertung	Punktwert	Bewertung	Punktwert
A	14,7	3	0,441	1	0,147	7	1,029
B	16,2	4	0,648	7	1,134	5	0,810
C	21,0	2	0,420	4	0,840	3	0,630
D	13,3	7	0,931	9	1,197	6	0,798
E	8,1	9	0,729	10	0,810	7	0,567
F	12,4	5	0,620	4	0,496	5	0,620
G	14,3	10	1,430	2	0,286	8	1,144
Summe	100,0						
Score			**5,219**		**4,910**		**5,598**

Tab. 2.12 Aggregation der Nutzwertanalysen aller Teilnehmer durch Werteaddition

Teilnehmer	Nutzwert Alternative X	Nutzwert Alternative Y	Nutzwert Alternative Z
Hr. Müller	5,219	4,910	5,598
Hr. Meier	4,534	4,843	6,212
Fr. Schulz	6,001	4,246	6,395
Score	**15,754**	**13,999**	**18,205**
Ø	**5,25**	**4,67**	**6,09**
Gesamtplatz	2	3	1

der Einzelwerte berechnet werden; auch das ist in der Tabelle dargestellt (vorletzte Zeile) und das Ranking der Alternativen bleibt das Gleiche.

Die Ergebnisse erscheinen klar und eindeutig. Bei korrekter Anwendung der Methode darf davon ausgegangen werden, dass der Nutzen einer jeden Entscheidungsalternative so korrekt, wie es das Urteilsvermögen und die prognostischen Fähigkeiten der Verfahrensteilnehmer zulassen, ermittelt wurde. Wahrnehmungsverzerrungen, von der hyperbolischen Diskontierung von Zukunftserwartungen bis hin zu Einflüssen durch z. B. Verfügbarkeitsheuristiken, wurden reduziert.

Schritt 8: Sensibilitätsanalyse

Sensibilitätsanalysen werden durchgeführt, um zu testen, wie „robust" die Ergebnisse sind. Die grundsätzliche Mechanik ist, die zwei Stellgroßen „Kriteriengewichte" und „Kriterienbewertungen" zu variieren, um herauszufinden, ob sich die Nutzwerte (Scores) der Handlungsalternativen und damit die Präferenzordnung verändern. Empfehlenswert ist dieser Schritt, wenn der Moderator feststellen sollte, dass die Urteile der Teilnehmer zu sehr durch die Dynamik der Diskussion beeinflusst worden sind.

Die Details einer Sensitivitätsanalyse sind in Kühnapfel (2017, S. 88–92) beschrieben.

Schritt 9: Dokumentation des Ergebnisses

Ein letzter Arbeitsschritt ist die Dokumentation des Ergebnisses. In den meisten Unternehmen wird dies in Form einer Präsentation zusammengefasst. Eine Beschreibung der Methodik kann als Anhang hinzugefügt werden, ebenso wie die Details der Sensibilitätsanalyse aus Schritt 8. In der Praxis zeigt sich an dieser Stelle oftmals das Problem, dass durch die Methodik der Nutzwertanalyse eliminiert wurde: Die Zuhörer werden durch ihre distanzierte Gesamtschau auf das

Problem eine Vorabmeinung haben, und, sofern die Nutzwertanalyse ihre Meinung nicht bestätigt, das Verfahren in Zweifel ziehen. Denn auch die Teilnehmer selbst sind oftmals von dem Ergebnis überrascht. Doch die Unbestechlichkeit der Resultate ist eindeutig. Die Fragmentierung der Problemstellung in Häppchen, die vorurteilsfrei betrachtet und bewertet wurden, führte zu einem nachvollziehbaren Ergebnis, das jeder Prüfung standhält.

3 Fallstricke und Grenzen der Nutzwertanalyse

Das Hauptproblem der Nutzwertanalyse ist der Aufwand, der zu tätigen ist. Dieser verführt zuweilen dazu, durch methodische Abkürzungen Zeit sparen zu wollen. Das schlägt regelmäßig fehl! Wird das Verfahren nicht wie beschrieben und mit der gebotenen Sorgfalt durchgeführt, sollte darauf verzichtet werden. Eine „Nutzwertanalyse light" gibt es nicht. Sie ist auch kein Medikament gegen Entscheidungsfeigheit.

Ein ganz elementarer Erfolgsfaktor der Methode ist die Qualität des Moderators. Er **muss** das Fachwissen und **sollte** die nötige Erfahrung besitzen, eine Nutzwertanalyse zu leiten, aber über die Kompetenz und das Auftreten verfügen, die Teilnehmer zu disziplinieren. Seine Aufgabe ist es, über die Methodik zu wachen und sicherzustellen, dass sich alle Teilnehmer einbringen. Bewährt hat sich, klare Spielregeln zu benennen und deren Einhaltung sicher zu stellen. So ist z. B. häufig ein Streitpunkt, welche Kriterien aufgenommen werden. Darüber kann natürlich abgestimmt werden, aber besser ist es, alle sinnvollen aufzunehmen und diese wie beschrieben zu gruppieren.

Doch darf an dieser Stelle nicht versäumt werden, darauf hinzuweisen, dass erfahrungsgemäß die Ergebnisse tendenziell konsensual ausfallen, also einem Mittelwert zustreben. Nur geringe Unterschiede zwischen Handlungsalternativen sind typisch, da die meisten Menschen extreme Bewertungen zu vermeiden suchen. Dennoch ist das Ergebnis mit Sicherheit belastbarer als eines, das sich aus einer von dominanten Figuren geprägten Gruppendiskussion im Rahmen eines „Meetings" ergäbe.

J. B. Kühnapfel, *Nutzwertanalysen in Marketing und Vertrieb*, essentials,
https://doi.org/10.1007/978-3-658-25164-2_3

4 Anwendungsbeispiel 1: Auswahl einer Werbeagentur

Die (fiktive) *„Screwpower GmbH"* produziert Schrauben und Schraubverbindungen. Es soll nun eine Werbeagentur beauftragt werden, die eine b2b-Kampagne für den mitteleuropäischen Markt entwirft. Mit dieser Kampagne werden zwei Ziele verfolgt: Erstens soll die Bekanntheit der *Screwpower GmbH* bei mittelständischen Unternehmen gesteigert werden, zweitens sollen Unternehmen der wichtigsten Zielgruppen mit der Marke und der Positionierungsbotschaft der *Screwpower GmbH* so weit in Kontakt kommen, dass ein sich anschließender Direktkontakt zur Vorbereitung von Vertriebsterminen erfolgreich ist.

Der Marketingleiter der *Screwpower GmbH* hat aus einer „Long List" von 25 potenziellen Agenturen vier ausgewählt und ihre Konzepte in einem sogenannten „Pitch" präsentieren lassen. Natürlich ist der Erfolg der jeweils vorgeschlagenen Kampagne nur schwer abzuschätzen. Der Marketingleiter hat einen Favoriten, der aber zugleich auch der teuerste Anbieter ist. Der Vertriebsleiter ist damit nicht einverstanden, denn ihm ist die vorgeschlagene Kampagne zu unkonventionell. Er fürchtet, dass das erste Kampagnenziel (Markenbekanntheit) zwar erreicht wird, aber das zweite (Türöffner für Vertriebskontakte) nicht.

Probleme wie diese sind typisch:

- Es ist unmöglich, den zukünftigen Erfolg einer Entscheidungsoption präzise zu prognostizieren.
- Die Entscheidung ist für die Dauer der Kampagne unumkehrbar.
- Die Kriterien, anhand derer eine Agentur ausgewählt werden soll, sind zunächst unklar.
- Es ist nicht möglich, das Werbebudget auf mehrere Agenturen zu verteilen, um das Risiko zu reduzieren.
- Es gibt einen Entscheidungszwang.

J. B. Kühnapfel, *Nutzwertanalysen in Marketing und Vertrieb*, essentials,
https://doi.org/10.1007/978-3-658-25164-2_4

- Es droht, dass die Entscheidung auf verzerrten Wahrnehmungen basieren könnte, z. B., weil ein Kampagnenvorschlag vermeintlich attraktiv ist und den Managern der *Screwpower GmbH* gefällt, nicht aber unbedingt den Kunden.

So mancher Manager würde sich in einer solchen Situation auf seine Intuition und vielleicht noch sein Erfahrungswissen verlassen. Wie unbefriedigend dies ist, braucht nicht erläutert zu werden. Folglich beschließen Marketing- und Vertriebsleiter gemeinsam, für die Entscheidungsfindung eine Nutzwertanalyse durchzuführen. Sie gehen in den oben beschriebenen Schritten vor:

Schritt 1: Organisation des Arbeitsumfelds
Der Kaufmännische Leiter wird gebeten, die Moderation zu übernehmen und das Verfahren zu leiten. Er selbst wird sich trotzdem als Teilnehmer an allen Schritten beteiligen. Insgesamt nehmen sechs Personen teil: Der Alleingeschäftsführer, die Leiter der Bereiche Vertrieb, Marketing und Kaufmännisches, der Mitarbeiter des Marketings, der die Kampagne umsetzen soll, sowie ein erfahrener Key Account Manager. Die Gruppe trifft sich an einem Samstag, da sonst kaum möglich ist, ausreichend Zeit zu finden. Geplant sind fünf Stunden.

Schritt 2: Benennung des Entscheidungsproblems
Am Samstagmorgen fasst der Moderator das Entscheidungsproblem mit folgender Formulierung zusammen: „Es ist zu entscheiden, welche der vier Werbeagenturen mit ihrer jeweils vorgestellten Kampagne beauftragt werden soll." Er vergisst auch nicht, die zwei Ziele, die mit der Entscheidung erreicht werden sollen, zu präzisieren, nämlich „Bekanntheit" und „Vorbereitung vertrieblicher Kontakte". Ferner stellt der Moderator noch einmal fest, dass keine der Optionen bisher ausgeschlossen werden konnte, jede denkbar und für *Screwpower* eine vermeintlich gute Wahl sei und vergewissert sich, dass jeder Teilnehmer die Agenturpräsentationen, die Angebote und die Kampagnenvorschläge eingesehen hat.

Schritt 3: Auswahl der Entscheidungsalternativen
Die Auswahl der Entscheidungsalternativen ist auf die vier Agenturen und ihre Kampagnen beschränkt. Weitere Optionen, etwa jene, auf eine Kampagne gänzlich zu verzichten oder einen weiteren Pitch durchzuführen, gibt es nicht. An diesem Samstag ist eine Entscheidung zu treffen, damit die Kampagne beauftragt werden und starten kann.

Schritt 4: Sammlung von Entscheidungskriterien
Nach einer längeren Diskussion einigt sich der Teilnehmerkreis auf einen Katalog von acht Kriterien (Tab. 4.1). Alle sind damit einverstanden und finden ihre jeweilige Sicht auf das Entscheidungsproblem mit diesem Katalog ausreichend berücksichtigt. Hier die Liste:

Schritt 5: Gewichtung der Entscheidungskriterien
Der Moderator lässt die Teilnehmer diskutieren, welches Gewicht jedes einzelne Kriterium haben soll. Die Leitfrage ist: „Welche Bedeutung soll jedes einzelne Kriterium für die Auswahl einer Agentur haben?" Eine Kategorisierung der nur acht Kriterien ist angesichts der geringen Anzahl nicht hilfreich. Dennoch macht der Moderator darauf aufmerksam, dass die Kriterien A, B und C ähnlich sind, denn sie beschreiben die Kampagnenziele aus Sicht der Werbewirksamkeit. Er warnt davor, dass alleine schon dadurch, dass zu diesem Aspekt drei Kriterien gefunden wurden, während zum Beispiel aus Sicht des Vertriebsanbahnungserfolgs nur ein Kriterium existiert, die Aspekte ungleich gewichtet werden könnten.

Tab. 4.1 Beispiel Auswahl Werbeagentur – Kriterienkatalog

Kriterium	Kurz	Erläuterung
Markenprofil	Krit. A	Kann die Kampagne der *Screwpower* ein „eigenes Gesicht" geben? Grenzt sie sich vom Wettbewerb ab?
Produkte	Krit. B	Werden die Produkte der *Screwpower* so beschrieben, dass sie leicht verstanden werden können?
Nachhaltigkeit	Krit. C	Langfristiges Potenzial der Kreatividee, auch unter Berücksichtigung der rechtlichen Nutzbarkeit
Nutzbarkeit für Vertriebskontakt	Krit. D	Hilft die Kreatividee bei einem persönlichen Kontakt, etwa als „Aufhänger" bei einem Anruf oder als Einstieg im Verkaufsgespräch?
Gesamtkosten der Kampagne	Krit. E	Kreativ-, Produktions- und Schaltkosten inkl. der unterstellten Nebenkosten
Erfahrungen der Agentur	Krit. F	Hat die Agentur bereits Vorerfahrungen mit Kampagnen für ähnliche Unternehmen?
Agenturteam	Krit. G	Erscheint das vorgestellte Team der Agentur erfahren, kompetent und stabil?
Vertragsbedingungen	Krit. H	Ist der von der Agentur vorgelegte Vertrag aus Sicht der *Screwpower* inhaltlich und finanziell ausreichend flexibel, berücksichtigt er die üblichen juristischen Aspekte?

Nun steht die Frage an, ob die Gewichtung mittels der Paarvergleichsmethode objektiviert werden sollte. Der Moderator geht jedoch so vor, dass er zunächst eine Gleichgewichtung aller Kriterien vorschlägt, also jeweils 12,5 %. Anschließend lässt er die Gruppe diskutieren, welches Kriterium höher oder niedriger gewichtet werden sollte als durchschnittlich und tatsächlich einigt sich die Gruppe auf ein Ergebnis. Dieses ist in Tab. 4.2 wiedergegeben.

Schritt 6: Bewertung der Entscheidungskriterien

Der Moderator gibt die den Teilnehmern bekannte Oberstufen-Schulnotenskala vor und verweist auf die Bewertungskorridore (Ist das Kriterium erfüllt? ungenügend = 0 Punkte, mangelhaft = 1–3, ausreichend = 4–6, befriedigend = 7–9, gut = 10–12, sehr gut = 13–15).

Mit Ausnahme von Kriterium E, den Gesamtkosten, sind die Kriterien objektiv nicht berechen – oder bewertbar.

Doch bevor es zu einer Bewertung kommt, wird Kriterium für Kriterium vor dem Hintergrund diskutiert, welche Agentur bzw. welche der von diesen vorgestellten Kampagnen wie zu bewerten sein könnte. Je nach Kriterium werden die Meinung und die Argumente des jeweiligen Fachexperten besonders beachtet, obgleich der Moderator darauf hinweist, dass jeder gleich viele Punkte zu vergeben hat und keine Meinung höher gewichtet wird als die eines anderen. Oft jedoch wird der Fachexperte gebeten, seine Bewertung bekannt zu geben und diejenigen, die aus fachlichen oder anderen Gründen keine eigene Meinung haben, schließen sich dem Experten an.

Eine „geheime" Bewertung wird nicht gewünscht und so addiert der Moderator die Bewertungen der sechs Teilnehmer für alle Kriterien und alle Agenturen.

Tab. 4.2 Beispiel Auswahl Werbeagentur – Gewichtung der Kriterien

Kriterium	Kurz	Gewicht (%)
Markenprofil	Krit. A	15
Produkte	Krit. B	5
Nachhaltigkeit	Krit. C	5
Nutzbarkeit für Vertriebskontakt	Krit. D	25
Gesamtkosten der Kampagne	Krit. E	20
Erfahrungen der Agentur	Krit. F	15
Agenturteam	Krit. G	5
Vertragsbedingungen	Krit. H	10
Summe		**100**

Tab. 4.3 zeigt das addierte Ergebnis, also jeweils bereits die Summe der sechs Einzelbewertungen je Kriterium einer jeden Handlungsoption.

Schritt 7: Nutzwertberechnung

Der Moderator unterbricht mit diesem Bewertungsergebnis das Treffen der Teilnehmer und berechnet via Tabellenkalkulationsprogramm die Nutzwerte der Entscheidungsalternativen. Das Ergebnis zeigt Tab. 4.4, wobei die Spaltenüberschrift „Bew." für die Kriterienwerte (Summe der Werte aller Teilnehmer) aus Tab. 4.3 und „KW" für den „gewichteten Kriterienwert" steht.

Schritt 8: Sensibilitätsanalyse

Der Moderator variiert versuchsweise mithilfe eines Tabellenkalkulationsprogramms die Kriteriengewichte. Statt der ermittelten Gewichte unterstellt er jeweils 12,5 %. Das Ranking bleibt aber das gleiche, obgleich sich die Abstände verändern. Somit ist das Ergebnis robust und der Moderator entscheidet, über die Sensibilitätsanalyse zu informieren, sie aber nicht weiter im Teilnehmerkreis zu diskutieren.

Schritt 9: Dokumentation des Ergebnisses

Das Gesamtergebnis mit der eindeutigen Präferenzstruktur wird dokumentiert. Agentur Z wird vorgeschlagen. Der Geschäftsführer, der selbst Teilnehmer des Verfahrens war, folgt diesem Vorschlag, behält sich aber vor, mit der Agentur das bei dieser am schlechtesten bewertete Kriterium, die Agenturkosten (Kriterium E), noch einmal zu verhandeln, denn die Analyse von Tab. 4.4 zeigt, dass der Abstand des Scores von Agentur Z zu jenem von Agentur Y noch beträchtlich größer sein

Tab. 4.3 Beispiel Auswahl Werbeagentur – Bewertung der Kriterien

	Agentur W	Agentur X	Agentur Y	Agentur Z
Kriterium A	58	45	62	74
Kriterium B	54	51	52	65
Kriterium C	63	47	71	84
Kriterium D	41	62	66	77
Kriterium E	52	52	61	34
Kriterium F	62	68	53	62
Kriterium G	54	68	61	45
Kriterium H	10	60	50	70

Tab. 4.4 Beispiel Auswahl Werbeagentur – Berechnung der Nutzwerte

	Gew. (%)	Agentur W		Agentur X		Agentur Y		Agentur Z	
		Bew.	KW	Bew.	KW	Bew.	KW	Bew.	KW
A	15	58	8,7	45	6,75	62	9,3	74	11,1
B	5	54	2,7	51	2,55	52	2,6	65	3,25
C	5	63	3,15	47	2,35	71	3,55	84	4,2
D	25	41	10,25	62	15,5	66	16,5	77	19,25
E	20	52	10,4	52	10,4	61	12,2	34	6,8
F	15	62	9,3	68	10,2	53	7,95	62	9,3
G	5	54	2,7	68	3,4	61	3,05	45	2,25
H	10	10	1	60	6	50	5	70	7
Score			**48,2**		**57,15**		**60,15**		**63,15**

könnte, wenn die Gesamtkosten und ggf. auch die Erfahrung des Agenturteams (Kriterium G) besser wären. Somit liefert in diesem Anwendungsbeispiel die Nutzwertanalyse zugleich einen Hinweis auf die Verhandlungspunkte, die noch zu klären sind.

5 Anwendungsbeispiel 2: Auswahl eines Vertriebswegs

Das (fiktive) Start-up-Unternehmen „*LuxLiving GmbH*" wurde von drei engagierten Jungmanagern der Haushaltswarenbranche gegründet und erhielt eine sogenannte Seed-Finanzierung. Geplanter Geschäftsgegenstand ist der Handel mit außergewöhnlichen, hochpreisigen Haushaltsutensilien. Bisher wurde vorwiegend am Produktportfolio gearbeitet und es konnten ausreichend viele Hersteller und somit Lieferanten für ein umfangreiches Warenangebot gefunden werden. Allerdings wurde bislang noch immer nicht die Frage beantwortet, wie die Waren vertrieben werden sollen. Diese Situation macht die Investoren mehr als nervös, denn ohne ein geeignetes Vertriebskonzept erscheint die nächste Finanzierungsrunde nicht verhandelbar.

Auf Veranlassung des Hauptinvestors wird nun ein Workshop durchgeführt, auf dem eine Nutzwertanalyse für die Auswahl, Entwicklung und Umsetzung einer Vertriebsstrategie durchgeführt werden soll. Zielsetzung ist, dass sich die Gründer mit dem Thema Vertrieb intensiv auseinandersetzen und in der Runde ggf. weitere Entscheidungen getroffen werden, welche Maßnahmen zur Unterstützung des Gründerteams durchzuführen sind.

Die Besonderheit in dieser Situation ist, dass die Nutzwertanalyse

- zur strategischen Analyse dient,
- die Vorarbeiten wie die Wahl der Kriterien sowie deren Gewichtung von größerer Bedeutung sind als das Ergebnis selbst,
- das Ergebnis in der jetzigen Entwicklungsphase der *LuxLiving* keine endgültige Auswahlentscheidung darstellt, aber
- die Präferenzordnung zugleich die Priorisierung der weiteren Arbeiten vorgibt.

Schwierig ist dieser Anwendungsfall einer Nutzwertanalyse vor allem auch deshalb, weil die so wichtigen Wechselwirkungen zwischen den einzelnen denkbaren

J. B. Kühnapfel, *Nutzwertanalysen in Marketing und Vertrieb,* essentials,
https://doi.org/10.1007/978-3-658-25164-2_5

Vertriebsformen kaum berücksichtigt werden können. Tatsächlich ist die Nutzwertanalyse hier ein Instrument der Strategieentwicklung und weniger eines der Entscheidungsfindung.

Schritt 1: Organisation des Arbeitsumfelds
Die Organisation übernimmt der Hauptinvestor. Der dort für die *LuxLiving* verantwortliche Investmentmanager übernimmt die Moderation, wird aber nicht Teilnehmer der Nutzwertanalyse sein, denn er sieht sich außerstand, eine sinnvolle Einschätzung des Geschäfts vorzunehmen.

Da mit dem Verlauf der Nutzwertanalyse die Investoren auch einen Einblick in die Fähigkeiten des Gründerteams gewinnen wollen, werden zwei volle Tage für den Workshop angesetzt. Es nehmen außer den drei Gründern und dem Moderator ein externer Berater, der als Experte für den Vertrieb von „Convenience Goods" gilt, sowie zwei Vertreter weiterer institutioneller Investoren teil, beide mit Erfahrung auf dem betreffenden Gebiet.

Schritt 2: Benennung des Entscheidungsproblems
Der Workshop beginnt mit der Präsentation des Stands der Unternehmensentwicklung. Die fehlende Vertriebsstrategie und damit der noch nicht begonnene Aufbau von Vertriebswegen werden als Engpass deutlich. Die Nutzwertanalyse wird vom Moderator als Methode vorgestellt. Er formuliert die zu diskutierende Frage: „Welcher Vertriebsweg ist für die *LuxLiving* der erfolgversprechendste?" Ferner betont er, dass das Ergebnis keineswegs endgültig sei, sondern in der weiteren Arbeit eine Kombination von Vertriebswegen ebenso denkbar sei wie das Hinzufügen weiterer, noch nicht diskutierter.

Anschließend werden die Ziele des Vertriebs der *LuxLiving* diskutiert, vor deren Hintergrund die Vertriebswege ausgewählt werden sollen. Hier zeigt sich eine erstaunliche Diskrepanz: Während das Gründerteam von Umsatz und Gewinn im Allgemeinen spricht, haben die Vertreter der Investoren andere Ziele im Sinn: Sie betonen die Bedeutung einer schnellen Marktdurchdringung, auch wenn dies einen vorübergehenden Verzicht auf Gewinne bedeute. Beide Lager erkennen, dass die Ziele zu konkretisieren sind. Das Ergebnis der Diskussion ist das formulierte Ziel, dass binnen 24 Monaten nach Vertriebsstart ein Marktanteil von 5 % erreicht werden soll. Ferner soll bis dahin auch die Gewinnschwelle erreicht werden.

Schritt 3: Auswahl der Entscheidungsalternativen
Die drei Gründer werden zur Vorbereitung gebeten, die sinnvoll möglichen Vertriebswege zusammenzufassen. Dies übernimmt derjenige, der für den Vertrieb zuständig ist. Er präsentiert seinen bisherigen Plan und das ist eine Mischform

von Absatzkanälen. Die übrigen Teilnehmer, insbesondere die Vertreter der Investoren, folgen seiner Argumentation, doch bemerken sie auch, dass die Präsentation darauf hinausläuft, ein präferiertes Portfolio von Vertriebskanälen „verkauft" zu bekommen. Es stört sie, dass Alternativen, die sie zur Diskussion stellen, mit nicht substanziellen Argumenten abgelehnt werden: Floskeln wie „Das wird nicht funktionieren" oder „So macht das doch keiner" reichen ihnen nicht aus. Der Moderator schlägt vor, sich deutlich voneinander unterscheidende Vertriebsformen in einer Nutzwertanalyse zu untersuchen. Wechselwirkungen sollen als Kriterien nicht berücksichtigt werden. Auch soll zunächst offenbleiben, ob mehrere Vertriebskanäle parallel aufgebaut werden sollen. Die Teilnehmer sind damit einverstanden und so werden die in Tab. 5.1 (sicherlich nur exemplarisch) aufgeführten Vertriebsformen als Handlungsoptionen benannt:

Schritt 4: Sammlung von Entscheidungskriterien
Die Sammlung von Kriterien beginnt konfus. Der Moderator entschließt sich darum, die Teilnehmer zunächst eine SWOT-Analyse durchführen zu lassen, bei der die Chancen und Risiken des Marktes und anschließend die Stärken und Schwächen des eigenen unternehmerischen Ansatzes ermittelt werden. Doch während die Chancen und Risiken noch recht plausibel gesammelt werden können, fehlt für die Ermittlung von Stärken und Schwächen der eigenen Geschäftsidee der Vertriebsansatz. Hier beißt sich die Katze in den Schwanz.

Dennoch bringt die Teilnehmer dieser Zwischenschritt, der hier nicht dargestellt ist, weiter: Es wird klar, „worauf es ankommt." So werden 19 Kriterien gesammelt. Der Moderator stellt daraufhin fest, dass sich diese in unterschiedlicher Anzahl

Tab. 5.1 Beispiel Vertriebsinstanzenauswahl – Handlungsoptionen der *LuxLiving*

#	Handlungsoption	Erläuterung
1	Shops („Shops")	Eröffnung eigener Läden in Einkaufspassagen und Fußgängerzonen
2	Verkauf an Einzelhandel („EH")	Direktbelieferung von Haushaltswareneinzelhändlern, Kaufhäusern und etablierten Katalogversandhäusern
3	Verkauf an Großhandel („GH")	Belieferung des Haushaltswarengroßhandels
4	Nutzung eCommerce-Plattformen („Amazon")	Vertrieb über etablierte Web-Shops wie Amazon und eBay, insbesondere auch Nutzung derer Lager- und Versandabwicklungsservices
5	Eigene eCommerce-Plattform („WWW")	Aufbau eines eigenen Web-Shops und eigener Versandhandelsinfrastrukturen

thematischen Aspekten zuordnen lassen. Er befürchtet, dass die schiere Anzahl von Kriterien je Aspekt zu einer Verzerrung der Ergebnisse führen könnte (vgl. Schritt 5 bzw. 5a in der obigen Darstellung der Methode) und schlägt vor, Kategorien zu bilden, denen die Kriterien zuzuordnen sind. Er lässt diese auch nicht diskutieren, sondern benennt sie. Dabei berücksichtigt er insbesondere die Zielformulierung (Marktanteil und Gewinnschwelle). Tab. 5.2 zeigt diese Kategorien sowie die diesen zugeordneten Kriterien. Es sei angemerkt, dass es sich hier um ein fiktives Beispiel handelt und in einer realen Situation die Auswahl der Kriterien sicherlich gewissenhafter stattfände. Z. B. fehlen Aspekte wie der Wettbewerb oder die rechtlichen Rahmenbedingungen.

Tab. 5.2 Beispiel Vertriebsinstanzenauswahl – Kategorien von Kriterien und Kriterienkatalog

#	Kategorie	#	Kriterium
A	Zielgruppenzugang	A.1	Anzahl erreichbarer Interessenten
		A.2	Kaufkraft erreichbarer Interessenten
		A.3	Einkaufserlebnis
		A.4	Kundenbindungsmöglichkeit
		A.5	Möglichkeiten Zielgruppenwerbung
B	Deckungsbeitrag	B.1	Investitionskosten gesamt
		B.2	Fixkostenlastigkeit
		B.3	Amortisationsdauer der Investitionen in den Vertrieb
		B.4	Höhe Betriebskosten
		B.5	Fixkostenremanenz
		B.6	Produktdeckungsbeitrag
		B.7	Abwehr Wettbewerbsdruck auf Preis
C	Skalierbarkeit	C.1	Aufwand je weiterer Vertriebseinheit
		C.2	Managementaufwand je weiterer Vertriebseinheit
		C.3	Zeitlicher Vorlauf zur Ausweitung der Vertriebskapazitäten
D	Komplexität	D.1	Zeitlicher Aufwand für Einstieg
		D.2	Abwicklung Umtausch/Reklamation
E	Eigene Ressourcen	E.1	Know-how der eigenen Mitarbeiter
		E.2	Verfügbarkeit externer Experten

Schritt 5: Gewichtung der Entscheidungskriterien

Die Gewichtung der Kriterien kann nicht über eine direkte Einschätzung der jeweiligen Bedeutung erfolgen. Der Weg ist hier, zunächst die relative Bedeutung der Kriterienkategorien zu bestimmen. Deren Anzahl ist mit fünf überschaubar, sodass der Moderator die jeweilige Bedeutung der Kategorien für die Beurteilung der Handlungsoptionen diskutieren lässt. Allerdings kommt die Gruppe zu keinem Ergebnis, vielmehr scheint alles gleichermaßen wichtig. Der Moderator lässt somit die Paarvergleichsmethode durchführen. Jeder der sechs Teilnehmer beurteilt, ob eine Kategorie wichtiger sei als eine mit dieser zu vergleichende. Insgesamt werden so von jedem Teilnehmer 10 Vergleiche durchgeführt und von diesem aufgeschrieben. Es ist lediglich erforderlich, die „obere rechte“ Hälfte der Tabelle auszufüllen; ein Kategorienpaar braucht nur ein Mal bewertet zu werden.

Tab. 5.3 zeigt exemplarisch das Ergebnis eines der Gründer der *LuxLiving.*

Die Zusammenfassung der individuellen Einschätzungen der sechs Teilnehmer führt zum Ergebnis in Tab. 5.4. Anders als in Tab. 2.7 gezeigt, werden hier die Kategoriepräferenzen der Teilnehmer summiert – mathematisch führt das zum gleichen Ergebnis.

Anschließend wird die Frage gestellt, welche Bedeutung jedes einzelne Kriterium für die jeweilige Kategorie hat. Für die Kategorien A, C, D und E reicht eine Diskussion aus. Doch bei der Kategorie B (Deckungsbeitrag) können sich die

Tab. 5.3 Beispiel Vertriebsinstanzenauswahl – Paarvergleich der Kriterienkategorien von Gründer Huber

Kategorie	A	B	C	D	E	Σ
A		B	A	A	A	**3**
B			C	B	B	**3**
C				C	E	**2**
D					D	**1**
E						**1**

Tab. 5.4 Beispiel Vertriebsinstanzenauswahl – Paarvergleich der Kriterienkategorien aller Teilnehmer

Kat.	Hub.	Mei.	Merk.	Fritz	Raab	Werk	Σ	%
A	3	2	4	3	5	4	21	35,0
B	3	2	1	3	1	2	12	20,0
C	2	3	1	3	2	1	12	20,0
D	1	1	3	0	0	2	7	11,7
E	1	2	1	1	2	1	8	13,3
Σ	10	10	10	10	10	10	60	100

Teilnehmer nicht auf die Gewichte der sieben Kriterien einigen. Auch hier lässt der Moderator einen Paarvergleich durchführen (hier nicht gezeigt). Aus Tab. 5.5 geht das Ergebnis hervor.

Schritt 6: Bewertung der Entscheidungskriterien

Die bisherige Arbeit hat recht viel Zeit in Anspruch genommen. Der Nutzen ist aber offensichtlich: Die zur Wahl stehenden Handlungsoptionen, hier die möglichen Vertriebswege, konnten ausführlich diskutiert und deren Implikationen betrachtet werden. Auch zeigen sich die Schwachpunkte des unternehmerischen Engagements, nämlich die mangelnde Erfahrung sowie die mangelnde Kompetenz der Gründer

Tab. 5.5 Beispiel Vertriebsinstanzenauswahl – Festlegung der Kriteriengewichte

Kat.	Kategorie-gewicht (%)	Krit.	Kriteriumsgewicht innerhalb der Kategorie (%)	Resultierendes Kriteriumsgewicht (%)
A	35,0	A.1	20	7,0
		A.2	15	5,3
		A.3	25	8,8
		A.4	25	8,8
		A.5	15	5,3
B	20,0	B.1	17,4	3,5
		B.2	13,1	2,6
		B.3	9,4	1,9
		B.4	12,8	2,6
		B.5	22,1	4,4
		B.6	6,4	1,3
		B.7	18,8	3,8
C	20,0	C.1	50	10,0
		C.2	25	5,0
		C.3	25	5,0
D	11,7	D.1	75	8,8
		D.2	25	2,9
E	13,3	E.1	80	10,6
		E.2	20	2,7
Σ	100			100

in vertrieblichen Belangen. Eine Option wäre nun tatsächlich, den Workshop abzubrechen und die Gründer zunächst das machen zu lassen, was „Hausaufgaben“ genannt wird, bevor die Nutzwertanalyse zu einem späteren Zeitpunkt fortgesetzt bzw. neu durchgeführt wird. Dies wird hier aber nicht getan, sondern es werden die weiteren Schritte durchgeführt.

Der Moderator lässt die Teilnehmer nun bewerten, wie sehr die Kriterien bei der jeweils betrachteten Handlungsoption erfüllt sind. Er lässt Kriterium für Kriterium vorgehen und gibt als Skala das Schulnotensystem (1 = sehr gut, 6 = ungenügend) vor. Er lässt die Teilnehmer ihre Einschätzung offen nennen und anschließend diskutieren. Zu beachten ist natürlich die Wirkungsrichtung der Bewertung: Z. B. ist bei Kriterium B.1 eine gute Schulnote zu vergeben, wenn die Investitionskosten gering sind, bei B.6 hingegen, wenn der Deckungsbeitrag hoch ist.

Da sich nur bei wenigen Kriterien eine Konsensmeinung herausbildet, berechnet der Moderator in allen anderen Fällen den Notendurchschnitt. Anschließend wandelt er das Notenergebnis in die Punktwerte um, aus einer „2“ für „gut“ werden vier Punkte, aus einer „4,2“ werden 2,8 Punkte und so fort. Tab. 5.6 zeigt das Ergebnis.

Schritt 7: Nutzwertberechnung

Via Tabellenkalkulation wird nun der Nutzwert je Handlungsoption (Vertriebsform) errechnet. Hierzu werden die Kriterienpunktwerte aus Tab. 5.6 mit dem Gewicht je Kriterium aus Tab. 5.5 multipliziert. Tab. 5.7 zeigt das Ergebnis. Zur leichteren Handhabung hat der Moderator jeden einzelnen Wert mit 100 multipliziert. Aus dem Nutzwert von „2,95“ werden so „295 Punkte“, methodisch ist das irrelevant. Somit ist als Ergebnis die Präferenzordnung klar (Tab. 5.8).

Schritt 8: Sensibilitätsanalyse

Das Ergebnis erstaunt die Teilnehmer. Die zwei Optionen, bei denen auf fremde Absatzmittler im Präsenzhandel gesetzt wird, stehen in der Präferenzordnung klar oben, „Amazon“ hingegen am Ende. Der Moderator führt darum eine Sensibilitätsanalyse durch. Er variiert probeweise die Kategoriengewichte wie in Tab. 5.9 dargestellt auf zwei Arten.

Tab. 5.6 Beispiel Vertriebsinstanzenauswahl – Punktwert je Kriterium

Krit.	Handlungsoptionen (Vertriebswege)				
	Shops	EH	GH	Amazon	WWW
A.1	1,3	2,2	3	6	4,1
A.2	5	4,8	3	2,3	4,1
A.3	6	5,5	2,9	1,5	3
A.4	6	5	2	1	3,2
A.5	4	4	2,1	1,9	3,4
B.1	1	4,2	4,8	5,1	2,8
B.2	1,2	4,5	5	5,5	2,5
B.3	1,5	3	4,5	6	2,3
B.4	1,2	4,7	4,1	5,8	2,5
B.5	1	5,2	5,2	5,6	4
B.6	5	4	3	2,5	4,5
B.7	6	5,2	3	1,2	4,5
C.1	1,5	5	5,8	1	1
C.2	1,5	5	5	1	1
C.3	2	3	3,5	1	5
D.1	1,6	4,9	3	1	1,8
D.2	5,8	4,8	2,3	4	5
E.1	1	1,5	1,1	2,5	2
E.2	4,5	6	5	6	5

Er belässt die Bewertung des Einflusses eines jeden Kriteriums wie von den Teilnehmern diskutiert und so ergeben sich Rankings, die zum Vergleich in Tab. 5.10 nebeneinander dargestellt sind.

Es zeigt sich, dass die erarbeitete Präferenzordnung grundsätzlich robust ist. Lediglich die Bedeutung der Nutzung fremder Web-Shops („Amazon") verändert sich, wobei ein Blick auf die Differenzen der Nutzwerte zweigt, dass diese bei den drei nachrangigen Handlungsoptionen gering sind.

Tab. 5.7 Beispiel Vertriebsinstanzenauswahl – Nutzwert der Vertriebswege

Krit.	Gew. (%)	Handlungsoptionen (Vertriebswege)				
		Shops	EH	GH	Amazon	WWW
A.1	7,0	9,1	15,4	21	42	28,7
A.2	5,3	26,5	25,44	15,9	12,19	21,73
A.3	8,8	52,8	48,4	25,52	13,2	26,4
A.4	8,8	52,8	44	17,6	8,8	28,16
A.5	5,3	21,2	21,2	11,13	10,07	18,02
B.1	3,5	3,5	14,7	16,8	17,85	9,8
B.2	2,6	3,12	11,7	13	14,3	6,5
B.3	1,9	2,85	5,7	8,55	11,4	4,37
B.4	2,6	3,12	12,22	10,66	15,08	6,5
B.5	4,4	4,4	22,88	22,88	24,64	17,6
B.6	1,3	6,5	5,2	3,9	3,25	5,85
B.7	3,8	22,8	19,76	11,4	4,56	17,1
C.1	10,0	15	50	58	10	10
C.2	5,0	7,5	25	25	5	5
C.3	5,0	10	15	17,5	5	25
D.1	8,8	14,08	43,12	26,4	8,8	15,84
D.2	2,9	16,82	13,92	6,67	11,6	14,5
E.1	10,6	10,6	15,9	11,66	26,5	21,2
E.2	2,7	12,15	16,2	13,5	16,2	13,5
Σ*100		**295**	**426**	**337**	**260**	**296**

Tab. 5.8 Beispiel Vertriebsinstanzenauswahl – Präferenzordnung

Rang	Handlungsoption	Nutzwert
1	Einzelhandel	426
2	Großhandel	337
3	Eigener Web-Shop	296
4	Eigene Shops	285
5	Amazon	260

Tab. 5.9 Beispiel Vertriebsinstanzenauswahl – Ergebnis der Variation der Kategoriengewichte

Kat.	Gewicht in Variation 1 (%)	Gewicht in Variation 2 (%)
A	35	20
B	35	50
C	10	20
D	10	5
E	10	5
Σ	100	100

Tab. 5.10 Beispiel Vertriebsinstanzenauswahl – Variation der Kategoriengewichte für eine Sensibilitätsanalyse

Option	Workshop-Ergebnis		Ergebnis Variation 1		Ergebnis Variation 2	
	NW	Rang	NW	Rang	NW	Rang
Shop	285	**4**	301	**5**	261	**5**
EH	426	**1**	432	**1**	443	**1**
GH	337	**2**	340	**2**	393	**2**
Amazon	260	**5**	304	**4**	321	**3**
WWW	296	**3**	312	**3**	304	**4**

Schritt 9: Dokumentation des Ergebnisses und weiteres Vorgehen

Das Ergebnis wird dokumentiert und inklusive der Tabellenkalkulations-Arbeitsblätter gespeichert. Es wird jedoch keine Entscheidung getroffen, sondern die Gründer werden beauftragt, die Handlungsoptionen mit Geschäfts- und hier vor allem Finanzplänen zu fundieren. Die Vertreter der Investoren sind nicht davon überzeugt, dass dies ohne fremde Unterstützung gelingt und so wird der externe Berater beauftragt, zu unterstützen.

Fazit: Wann nutzt die Nutzwertanalyse? 6

Beide Anwendungsbeispiele zeigen, dass die Nutzwertanalyse sowohl bei konkreten, komplexen Entscheidungen, als auch (durch ihre Methode) als Erkenntnisquelle für Entscheidungen des Managements („Der Weg ist das Ziel") helfen kann. Das Wirkprinzip, durch die Fragmentierung der ursprünglichen Fragestellung eine Entemotionalisierung in der Bewertung und Entscheidungsfindung zu erreichen, wird in beiden Fällen deutlich.

Der weitere Nutzen tritt vor allem im zweiten Anwendungsbeispiel deutlich hervor: Wenn bei zu vielen Detailfragen „geraten" oder „vermutet" werden muss und der Blick auf die Bedeutung des Details, die sich im Kriteriengewicht ausdrückt, zeigt, dass dieser „vermutete" Aspekt bedeutsam ist, mag dies als Warnsignal dienen: Anscheinend liegen dann Know-how-Lücken vor, die zu schließen sind, um die Entscheidungssicherheit zu verbessern. Zuweilen ist dies jedoch nicht möglich, z. B. dann, wenn Vermutungen über das Verhalten bzw. die Reaktion anderer Marktteilnehmer angestellt werden müssen, ein Aspekt, der in Anwendungsbeispiel zwei außer Acht gelassen wurde. Dann sind die Einschätzungen, ausgedrückt in Kriterienwerten, Ansatzpunkte für eine Sensibilitätsanalyse, indem unter Verwendung eines Tabellenkalkulationsprogramms die betreffenden Werte variiert werden und das Endergebnis beobachtet wird.

Eine Nutzwertanalyse taugt jedoch immer dann nicht, wenn die Know-how-Lücken zu groß sind. Die mit der Nutzwertanalyse oftmals einhergehende Gruppendiskussion ermöglicht, dass Erkenntnisse jedermann zugänglich gemacht werden, doch werden selten neue gewonnen. In der Praxis ist es daher nicht unüblich, eine Nutzwertanalyse durchzuführen, um relevante Wissenslücken zu finden.

J. B. Kühnapfel, *Nutzwertanalysen in Marketing und Vertrieb*, essentials,
https://doi.org/10.1007/978-3-658-25164-2_6

Noch einmal ist zum Ende darauf hinzuweisen, dass die Nutzwertanalyse als methodisches Werkzeug hilft, Entscheidungen zu treffen. Voraussetzung für den Wert der Ergebnisse ist aber wie bei allen anderen methodengestützten Verfahren auch, dass die Arbeitsschritte korrekt durchgeführt werden. „Abkürzungen“ aus Bequemlichkeit verbieten sich.

Was Sie aus diesem *essential* mitnehmen können

- Wann ist die Nutzwertanalyse ein geeignetes Entscheidungsinstrument?
- Wie „funktioniert" eine Nutzwertanalyse?
- Welche Fehler sind dabei zu vermeiden?
- Fallbeispiele: Nutzwertanalysen in Entscheidungssituationen

J. B. Kühnapfel, *Nutzwertanalysen in Marketing und Vertrieb,* essentials,
https://doi.org/10.1007/978-3-658-25164-2

Literatur

Dittmer, G.: Rationales Management, Kapitel „Beispiele zur Nutzwertanalyse“, S. 109–133. Springer, Berlin (2002)

Fenner, A.: Library Book Sales: A Cost-Benefit Analysis. Library Collections, Acquisitions, and Technical Services **29**(2), 149–168 (2005)

Hannemann, S.: Vertrieb von Finanzdienstleistungen, Kapitel „Die Bewertung institutioneller Absatzmittler durch die Produzenten auf Basis der Nutzwertanalyse“, S. 68–86. Gabler, Wiesbaden (1993)

Kühnapfel, J.: Vertriebscontrolling, Kapitel „Nutzwertanalysen bzw. Scoring-Modelle“, 2. Aufl. Springer Gabler, Wiesbaden (2017)

Schmeisser, W., Seifert, A.: Steuerung von Niederlassungen durch Nutzwertanalyse. Personalführung **43**(4), 36–45 (2010)

Titgemeyer, M.: Die Nutzwertanalyse zur Beurteilung von Investitionen. Wirtschaftswissenschaftliches Studium **40**(1), 52 (2011)

Wallace, T.: Executive Sales & Operations Planning: Cost and Benefit Analysis. Journal of Business Forecasting **29**(3), 13–17 (2010)

Zangemeister, C.: Nutzwertanalyse in der Systemtechnik. Eine Methodik zur multidimensionalen Bewertung und Auswahl von Projektalternativen. Dissertation, Wittmansche Buchhandlung, München (1976)

J. B. Kühnapfel, *Nutzwertanalysen in Marketing und Vertrieb,* essentials,
https://doi.org/10.1007/978-3-658-25164-2